VOM HIMMEL HOCH
Die schönsten Weihnachtslieder

Mit farbigen Illustrationen von
Selda Marlin Soganci

Insel Verlag

Insel-Bücherei Nr. S2002
Sonderausgabe 2016

INHALT

VOM HIMMEL HOCH

1. In dul - ci ju - bi - lo_____ nun sin - get und seid froh:____ Un - sers Her - zens Won - ne liegt in præ - se - pi - o_____ und leuch - tet wie die Son - ne ma - tris in gre - mi - o._____ Al - pha es et O,_____ Al - pha es et O._____

2. O Jesu parvule,
   nach dir ist mir so weh.
   Tröst mir mein Gemüte,
   o puer optime,
   durch alle deine Güte,
   o princeps gloriae.
   Trahe me post te,
   trahe me post te.

3. Ubi sunt gaudia?
Nirgends mehr denn da,
wo die Engel singen
nova cantica
und die Zimbeln klingen
in regis curia.
Eja qualia,
eja qualia!

Nun sei uns will - kom - men, Her - re Christ,_

der du un - ser al - ler Her - re bist, will -

Wiederholung

kom - men auf Er - den!

Schluß

2. 1.

3.

1. u. 2. men auf Er - - den!_____
3. men auf Er - den!
4. men!____

JOSEPH, LIEBER JOSEPH MEIN

1. Jo - seph, lie - ber Jo - seph mein, hilf mir wieg'n mein Kin - de-lein, Gott der wird dein Loh - ner sein, im Him - mel-reich, der Jung - frau Kind Ma - ri - a.

2. Gerne, liebe Maria mein,
helf ich wiegen dein Kindelein,
Gott der wird mein Lohner sein,
im Himmelreich,
der Jungfrau Sohn Maria.

3. Süßer Jesu auserkor'n,
   weißt wohl, daß wir war'n verlor'n,
   still uns deines Vaters Zorn,
   dich hat gebor'n
   die reine Magd Maria.

GELOBET SEIST DU, JESU CHRIST

1. »Ge - lo - bet seist Du, Je - su Christ, daß Du Mensch ge -
bo - ren bist von ei - ner Jung-frau, das ist wahr, des
freu - et sich der En - gel Schar.« Ky - ri - e - leis.

2. Des ewigen Vaters einig Kind
jetzt man in der Krippen findt;
in unser armes Fleisch und Blut
verkleidet sich das ewig Gut.
Kyrieleis.

3. Den aller Welt Kreis nie beschloß,
der liegt in Marien Schoß;
er ist ein Kindlein worden klein,
der alle Ding erhält allein.
Kyrieleis.

4. Das ewig Licht geht da herein,
gibt der Welt ein' neuen Schein;
es leucht' wohl mitten in der Nacht
und uns des Lichtes Kinder macht.
Kyrieleis.

5. Der Sohn des Vaters, Gott von Art,
   ein Gast in der Welt hie ward
   und führt uns aus dem Jammertal;
   er macht uns Erben in seim Saal.
   Kyrieleis.

6. Er ist auf Erden kommen arm,
   daß er unser sich erbarm
   und in dem Himmel mache reich
   und seinen lieben Engeln gleich.
   Kyrieleis.

7. Das hat er alles uns getan,
   sein groß Lieb zu zeigen an.
   Des freu sich alle Christenheit
   und dank ihm des in Ewigkeit.
   Kyrieleis.

CHRISTUM WIR SOLLEN LOBEN SCHON

1. Chri - stum wir sol - len lo - ben schon, der rei - nen Magd Ma - ri - en Sohn, so - weit die lie - be Son - ne leucht', und an al - ler Welt En - de reicht.

2. Der selig Schöpfer aller Ding
   zog an eins Knechtes Leib gering,
   daß er das Fleisch durchs Fleisch erwürb
   und sein Geschöpf nicht ganz verdürb.

3. Des Himmels Chör sich freuen drob,
   die Engel singen Gott zu Lob.
   Den armen Hirten wird vermeldt
   der Hirt und Schöpfer aller Welt.

4. »Lob, Ehr und Dank sei Dir gesagt,
   Christe, geborn von reiner Magd,
   mit Vater und dem Heiligen Geist
   von nun an bis in Ewigkeit.«
   Amen.

NUN KOMM, DER HEIDEN HEILAND

1. »Nun komm, der Hei - den— Hei - land,
der Jung-frau - en Kind er-kannt, daß sich wun-der
al - le— Welt, Gott solch Ge -burt ihm be - stellt.«

2. Er ging aus der Kammer sein,
dem königlichen Saal so rein,
Gott von Art und Mensch, ein Held;
sein' Weg er zu laufen eilt.

3. Die Krippen glänzt hell und klar,
die Nacht gibt ein neu Licht dar.
Dunkel muß nicht kommen drein,
der Glaub bleibt immer im Schein.

4. Lob sei Gott dem Vater tan,
Lob sei Gott, seim einigen Sohn,
Lob sei Gott dem Heiligen Geist
immer und in Ewigkeit.

NUN SINGET UND SEID FROH

1. Nun sin - get und seid froh,___ jauchzt al - le und sagt
so:___ Un - sers Her - zens Won - ne liegt
in der Krip - pen bloß___ und leucht' doch wie die
Son - ne in sei - ner Mut - ter Schoß.___
Du bist A und O,___ Du bist A und O.___

2. Sohn Gottes in der Höh,
nach dir ist mir so weh.
Tröst mir mein Gemüte,
o Kindlein zart und rein,
durch alle deine Güte,
o liebstes Jesulein.
Zieh mich hin zu dir,
zieh mich hin zu dir.

3. Groß ist des Vaters Huld,
der Sohn tilgt unsre Schuld.
Wir warn all verdorben
durch Sünd und Eitelkeit,
so hat er uns erworben
die ewig Himmelsfreud.
O welch große Gnad,
o welch große Gnad!

4. Wo ist der Freuden Ort?
Nirgends mehr denn dort,
da die Engel singen
mit den Heilgen all
und die Psalmen klingen
im hohen Himmelssaal.
Ei-a, wärn wir da,
ei-a, wärn wir da.

VOM HIMMEL HOCH, DA KOMM ICH HER

1. Vom Him - mel hoch, da komm ich her, ich
bring euch gu - te neu - e Mär. Der gu - ten Mär bring
ich so viel, da - von ich sin-gen und sa - gen will.

2. Euch ist ein Kindlein heut geborn
   von einer Jungfrau auserkorn,
   ein Kindelein so zart und fein,
   das soll euer Freud und Wonne sein.

3. Es ist der Herr Christ, unser Gott,
   der will euch führn aus aller Not;
   er will euer Heiland selber sein,
   von allen Sünden machen rein.

4. Er bringt euch alle Seligkeit,
   die Gott der Vater hat bereit',
   daß ihr mit uns im Himmelreich
   sollt leben nun und ewiglich.

5. So merket nun das Zeichen recht:
   die Krippen, Windelein so schlecht,
   da findet ihr das Kind gelegt,
   das alle Welt erhält und trägt.

6. Des laßt uns alle fröhlich sein
und mit den Hirten gehn hinein,
zu sehn, was Gott uns hat beschert,
mit seinem lieben Sohn verehrt.

7. »Merk auf, mein Herz, und sieh dorthin:
Was liegt doch in dem Krippelein?
Wes ist das schöne Kindelein?
Es ist das liebe Jesulein.«

8. »Sei mir willkommen, edler Gast!
Den Sünder nicht verschmähet hast
und kommst ins Elend her zu mir;
wie soll ich immer danken Dir?«

9. »Ach Herr, Du Schöpfer aller Ding,
wie bist Du worden so gering,
daß Du da liegst auf dürrem Gras,
davon ein Rind und Esel aß.«

10. »Und wär die Welt vielmal so weit,
von Edelstein und Gold bereit',
so wär sie doch Dir viel zu klein,
zu sein ein enges Wiegelein.«

11. »Der Sammet und die Seiden Dein,
das ist grob Heu und Windelein,
darauf Du König groß und reich
herprangst, als wärs Dein Himmelreich.«

12. »Das hat also gefallen Dir,
die Wahrheit anzuzeigen mir,
wie aller Welt Macht, Ehr und Gut
vor Dir nichts gilt, nichts hilft noch tut.«

13. »Ach mein herzliebes Jesulein,
mach Dir ein rein sanft Bettelein,
zu ruhen in meins Herzens Schrein,
daß ich nimmer vergesse Dein,

14. »davon ich allzeit fröhlich sei,
zu springen, singen immer frei
das rechte Susaninne schon,
mit Herzenslust den süßen Ton.«

15. Lob, Ehr sei Gott im höchsten Thron,
der uns schenkt seinen einigen Sohn;
des freuen sich der Engel Schar
und singen uns solch neues Jahr.

LOBT GOTT, IHR CHRISTEN

1. Lobt Gott, ihr Chri - sten, al - le_ gleich in
sei - nem höch-sten Thron, der heut schließt auf sein
Him - mel - reich und schenkt uns_ sei - nen
Sohn, und schenkt uns_ sei - nen Sohn.

2. Er kommt aus seines Vaters Schoß
und wird ein Kindlein klein,
er liegt dort elend, nackt und bloß
in einem Krippelein.

3. Er äußert sich all seiner Gewalt,
wird niedrig und gering
und nimmt an sich eins Knechts Gestalt,
der Schöpfer aller Ding.

4. Er liegt an seiner Mutter Brust,
ihr Milch die ist sein Speis –
an dem die Engel sehn ihr Lust,
denn er ist Davids Reis,

5. das aus seim Stamm entsprießen sollt
in dieser letzten Zeit –
durch welchen Gott aufrichten wollt
sein Reich, die Christenheit.

6. Er wechselt mit uns wunderlich:
Fleisch und Blut nimmt er an
und gibt uns in seins Vaters Reich
die klare Gottheit dran.

7. Er wird ein Knecht und ich ein Herr,
das mag ein Wechsel sein!
Wie könnt er doch sein freundlicher,
das herze Jesulein.

8. Heut schleußt er wieder auf die Tür
zum schönen Paradeis;
der Cherub steht nicht mehr dafür,
Gott sei Lob, Ehr und Preis!

1. Es ist ein Ros ent - sprun - gen aus ei - ner_
als uns die Al - ten sun - gen: von Jes - se_

_ Wur - zel zart, und hat ein Blüm-lein bracht mit-
_ kam die Art

ten im kal-ten Win - ter wohl zu der_ hal - ben Nacht.

2. Das Röslein, das ich meine,
   davon Jesaias sagt,
   ist Maria die reine,
   die uns das Blümlein bracht.
   Aus Gottes ewgem Rat
   hat sie ein Kind geboren
   und blieb ein reine Magd.

3. Das Blümlein so kleine
das duftet uns so süß;
mit seinem hellen Scheine
vertreibts die Finsternis:
wahr' Mensch und wahrer Gott,
hilft uns aus allem Leide,
rettet von Sünd und Tod.

4. »O Jesu, bis zum Scheiden
aus diesem Jammertal
laß Dein Hilf uns geleiten
hin in den Freudensaal,
in Deines Vaters Reich,
da wir Dich ewig loben.
O Gott, uns das verleih.«

1. Als ich bei mei - nen Scha - fen wacht', ein En - gel
mir die Bot-schaft bracht'. Des bin ich froh, bin ich
froh, froh, froh, froh! Be - ne - di - ca - mus Do - mi - no!

2. Er sagt', es soll geboren sein
   zu Bethlehem ein Kindelein.
   Des bin ich froh, bin ich froh, froh, froh, froh!
   Benedicamus Domino!

3. Er sagt', das Kind läg da im Stall
   und soll die Welt erlösen all.
   Des bin ich froh, bin ich froh, froh, froh, froh!
   Benedicamus Domino!

4. Als ich das Kind im Stall gesehn,
nicht wohl konnt' ich von dannen gehn.
Des bin ich froh, bin ich froh, froh, froh, froh!
Benedicamus Domino!

5. Als ich heimging, das Kind wollt mit,
es wollt' von meiner Seite nit.
Des bin ich froh, bin ich froh, froh, froh, froh!
Benedicamus Domino!

6. Den Schatz muß ich bewahren wohl,
so bleibt mein Herz der Freuden voll.
Des bin ich froh, bin ich froh, froh, froh, froh!
Benedicamus Domino!

KOMMET, IHR HIRTEN

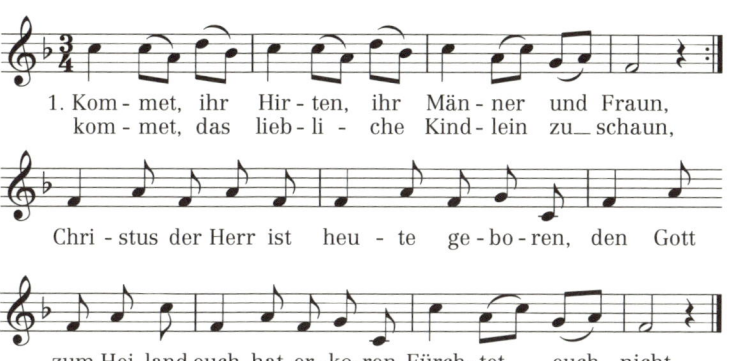

1. Kom - met, ihr Hir - ten, ihr Män - ner und Fraun,
kom - met, das lieb - li - che Kind - lein zu_ schaun,
Chri - stus der Herr ist heu - te ge - bo - ren, den Gott
zum Hei - land euch hat er - ko - ren. Fürch - tet_ euch nicht.

2. Lasset uns sehen in Bethlehems Stall,
was uns verheißen der himmlische Schall.
Was wir dort finden, lasset uns künden,
lasset uns preisen in frommen Weisen:
Halleluja.

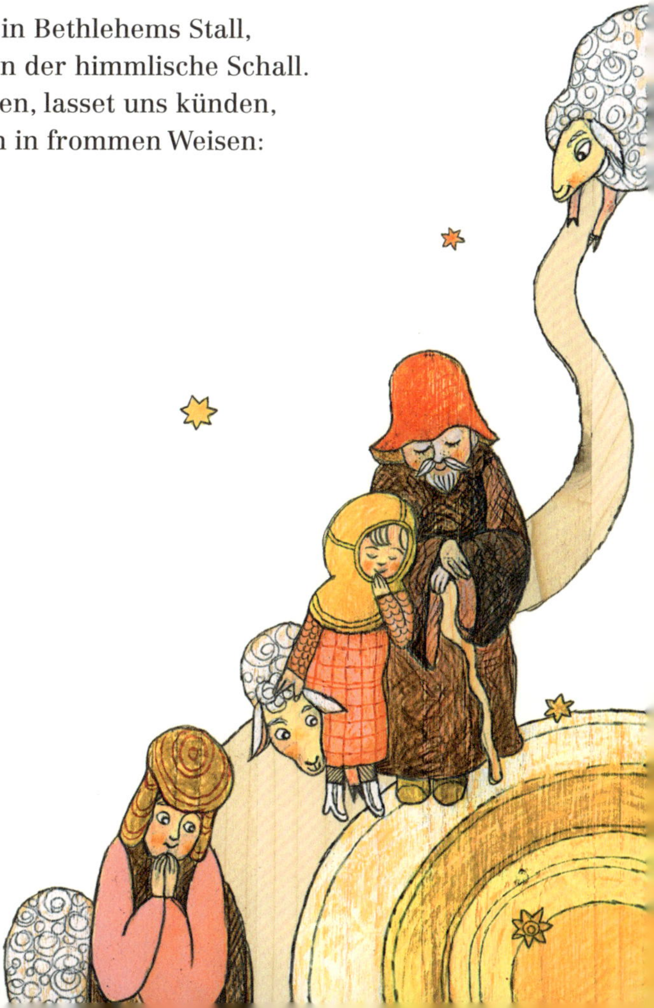

3. Wahrlich, die Engel verkündigen heut
Bethlehems Hirtenvolk gar große Freud.
Nun soll es werden Friede auf Erden,
den Menschen allen ein Wohlgefallen:
Ehre sei Gott.

ES KOMMT EIN SCHIFF, GELADEN

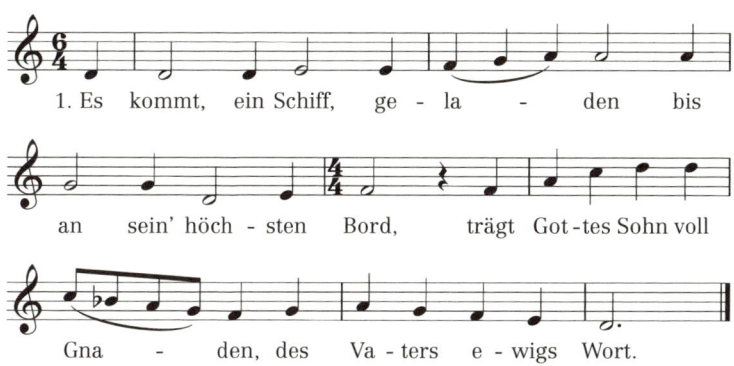

1. Es kommt, ein Schiff, ge - la - den bis
an sein' höch - sten Bord, trägt Got - tes Sohn voll
Gna - den, des Va - ters e - wigs Wort.

2. Das Schiff geht still im Triebe,
es trägt ein teure Last;
das Segel ist die Liebe,
der Heilig Geist der Mast.

3. Der Anker haft' auf Erden,
da ist das Schiff am Land.
Das Wort will Fleisch uns werden,
der Sohn ist uns gesandt.

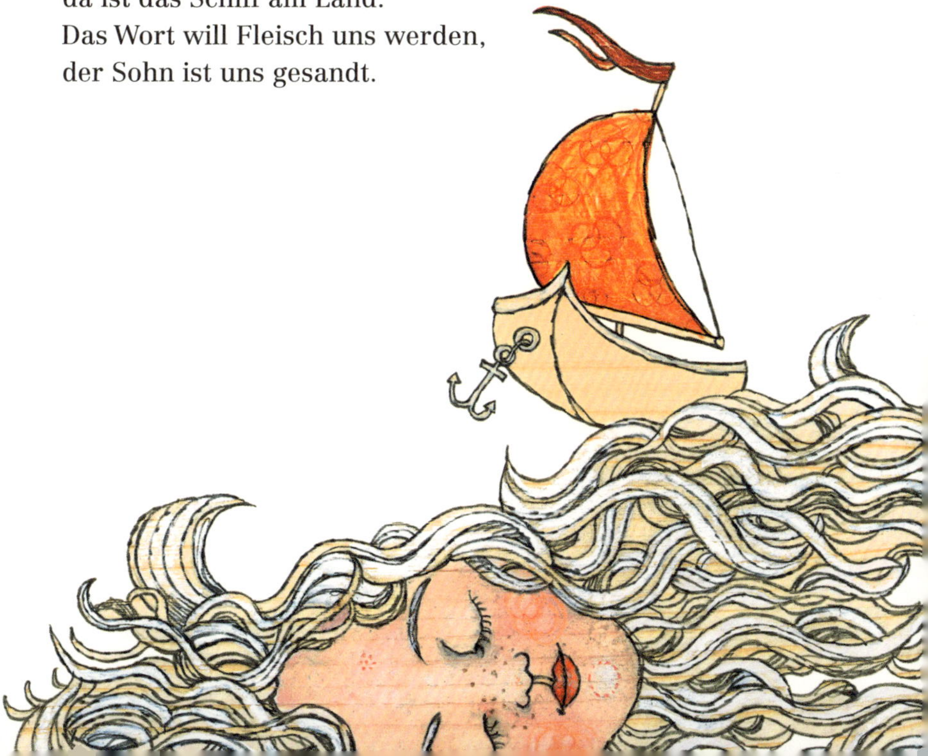

4. Zu Bethlehem geboren
im Stall ein Kindelein,
gibt sich für uns verloren:
Gelobet muß es sein.

5. Und wer dies Kind mit Freuden
umfangen, küssen will,
muß vorher mit ihm leiden
groß Pein und Marter viel,

6. danach mit ihm auch sterben
und geistlich auferstehn,
das ewig Leben erben,
wie an ihm ist geschehn.

7. Maria, Gottes Mutter,
gelobet mußt du sein.
Jesus ist unser Bruder,
das liebe Kindelein.

1. O Hei - land, reiß die Him-mel auf, her-ab, her-ab vom Him-mel lauf, reiß ab vom Him - mel Tor und Tür, reiß ab, wo Schloß und Rie-gel für.

2. O Gott, ein' Tau vom Himmel gieß;
   im Tau herab, o Heiland, fließ.
   Ihr Wolken, brecht und regnet aus
   den König über Jakobs Haus.

3. O Erd, schlag aus, schlag aus, o Erd,
   daß Berg und Tal grün alles werd.
   O Erd, herfür dies Blümlein bring,
   o Heiland, aus der Erden spring.

4. Wo bleibst Du, Trost der ganzen Welt,
   darauf sie all ihr Hoffnung stellt?
   O komm, ach komm vom höchsten Saal,
   komm tröst uns hie im Jammertal.

5. O klare Sonn, Du schöner Stern,
   Dich wollten wir anschauen gern.
   o Sonn, geh auf, ohn Deinen Schein
   in Finsternis wir alle sein.

6. Hie leiden wir die größte Not,
vor Augen steht der ewig Tod;
ach komm, führ uns mit starker Hand
vom Elend zu dem Vaterland.

7. Da wollen wir all danken Dir,
unserm Erlöser, für und für.
Da wollen wir all loben Dich
je allzeit immer und ewiglich.

MACHT HOCH DIE TÜR

1. Macht hoch die Tür, die Tor— macht weit, es
kommt der Herr der Herr - lich-keit, ein Kö - nig
al - ler Kö - nig-reich, ein Hei - land al - ler
Welt zu-gleich, der Heil und Le - ben mit— sich bringt; der-
hal - ben jauchzt, mit Freu-den singt: Ge - lo - bet sei mein
Gott,— mein Schöp - fer reich von Rat.—

2. Er ist gerecht, ein Helfer wert;
Sanftmütigkeit ist sein Gefährt,
sein Königskron ist Heiligkeit,
sein Zepter ist Barmherzigkeit;
all unser Not zum End er bringt,
derhalben jauchzt, mit Freuden singt:
Gelobet sei mein Gott,
mein Heiland groß von Tat.

3. O wohl dem Land, o wohl der Stadt,
so diesen König bei sich hat.
Wohl allen Herzen insgemein,
da dieser König ziehet ein.
Er ist die rechte Freudensonn,
bringt mit sich lauter Freud und Wonn.
Gelobet sei mein Gott,
mein Tröster früh und spat.

4. Macht hoch die Tür, die Tor macht weit,
euer Herz zum Tempel zubereit'.
Die Zweiglein der Gottseligkeit
steckt auf mit Andacht, Lust und Freud,
so kommt der König auch zu euch,
ja Heil und Leben mit zugleich.
Gelobet sei mein Gott
voll Rat, voll Tat, voll Gnad.

5. »Komm, o mein Heiland Jesu Christ,
   meins Herzens Tür Dir offen ist;
   ach zeuch mit Deiner Gnaden ein,
   Dein Freundlichkeit auch uns erschein.
   Dein Heilger Geist uns führ und leit
   den Weg zur ewgen Seligkeit.
   Dem Namen Dein, o Herr,
   sei ewig Preis und Ehr.«

VOM HIMMEL HOCH, O ENGLEIN, KOMMT

1. Vom Him-mel hoch, o Eng-lein, kommt. Ei - a,

ei - a, Su-sa-ni, Su-sa-ni, Su - sa-ni! Kommt,

singt und klingt, kommt, pfeift und trombt. Hal - le - lu-ja, Hal-

le - lu-ja. Von Je - su singt und Ma - ri - a.

2. Kommt ohne Instrumenten nit,
Eia, eia, Susani, Susani, Susani!
bringt Lauten, Harfen, Geigen mit.
Halleluja, Halleluja. Von Jesu singt und Maria.

3. Laßt hören euer Stimmen viel
Eia, eia, Susani, Susani, Susani!
mit Orgel- und mit Saitenspiel.
Halleluja, Halleluja. Von Jesu singt und Maria.

4. Hie muß die Musik himmlisch sein,
Eia, eia, Susani, Susani, Susani!
weil dies ein himmlisch Kindelein.
Halleluja, Halleluja. Von Jesu singt und Maria.

5. Die Stimmen müssen lieblich gehn
Eia, eia, Susani, Susani, Susani!
und Tag und Nacht nicht stille stehn.
Halleluja, Halleluja. Von Jesu singt und Maria.

6. Sehr süß muß sein der Orgel Klang –
Eia, eia, Susani, Susani, Susani!
süß über allen Vogelsang.
Halleluja, Halleluja. Von Jesu singt und Maria.

7. Das Saitenspiel muß lauten süß,
Eia, eia, Susani, Susani, Susani!
davon das Kindlein schlafen muß.
Halleluja, Halleluja. Von Jesu singt und Maria.

8. Singt Fried den Menschen weit und breit,
Eia, eia, Susani, Susani, Susani!
Gott Preis und Ehr in Ewigkeit.
Halleluja, Halleluja. Von Jesu singt und Maria.

ZU BETHLEHEM GEBOREN

1. Zu Beth - le -hem ge - bo - ren ist uns ein— Kin - de - lein. Das hab ich aus - er - ko - ren, sein ei - gen will ich— sein. E - ja, e - ja, sein ei - gen— will ich sein.

2. In seine Lieb versenken
   will ich mich ganz hinab,
   mein Herz will ich ihm schenken
   und alles, was ich hab.

3. »O Kindelein, von Herzen
   will ich Dich lieben sehr
   in Freuden und in Schmerzen,
   je länger mehr und mehr.

4. Dich, wahren Gott, ich finde
   in meinem Fleisch und Blut,
   darum ich fest mich binde
   an Dich, mein höchstes Gut.

5. Dazu Dein Gnad mir gebe,
   bitt ich aus Herzens Grund,
   daß ich allein Dir lebe
   jetzt und zu aller Stund.

6. Laß mich von Dir nicht scheiden,
   knüpf zu, knüpf zu das Band
   der Liebe zwischen beiden.
   Nimm hin mein Herz zum Pfand.«

FRÖHLICH SOLL MEIN HERZE SPRINGEN

1. Fröh - lich soll mein Her - ze sprin - gen die - ser
Zeit, da vor Freud al - le En - gel sin - gen.
Hört, hört, wie mit vol - len Chor - ren al - le
Luft lau - te ruft: Chri - stus ist ge - bo - ren.

2. Heute geht aus seiner Kammer
Gottes Held, der die Welt
reißt aus allem Jammer.
Gott wird Mensch, dir, Mensch, zugute;
Gottes Kind das verbindt
sich mit unserm Blute.

3. Die ihr schwebt in großen Leiden,
sehet, hier ist die Tür
zu den wahren Freuden.
Faßt ihn wohl, er wird euch führen
an den Ort, da hinfort
euch kein Kreuz wird rühren.

4. Ei so kommt und laßt uns laufen.
   Stellt euch ein, groß und klein,
   eilt mit großen Haufen.
   Liebt den, der vor Liebe brennet;
   schaut den Stern, der euch gern
   Licht und Labsal gönnet.

5. »Süßes Heil, laß Dich umfangen;
   laß mich Dir, meine Zier,
   unverrückt anhangen.
   Du bist meines Lebens Leben;
   nun kann ich mich durch Dich
   wohl zufrieden geben.«

6. »Ich will Dich mit Fleiß bewahren,
   ich will Dir leben hier,
   Dir will ich abfahren.
   Mit Dir will ich endlich schweben
   voller Freud ohne Zeit
   dort im andern Leben.«

ICH STEH AN DEINER KRIPPE HIER

1. Ich steh an Dei - ner Krip - pe hier, o
ich kom - me, bring und schen - ke Dir, was

Je - su, Du mein Le - ben; Nimm hin, es ist mein
Du mir hast ge - ge - ben.

Geist und Sinn, Herz, Seel und Mut, nimm al - les hin

und laß Dirs wohl - ge - fal - len.

2. Da ich noch nicht geboren war,
da bist Du mir geboren
und hast Dich mir zu eigen gar,
eh ich Dich kannt, erkoren.
Eh ich durch Deine Hand gemacht,
da hast Du schon bei Dir bedacht,
wie Du mein wolltest werden.

3. Ich lag in tiefer Todesnacht,
Du warest meine Sonne,
die Sonne, die mir zugebracht
Licht, Leben, Freud und Wonne.
O Sonne, die das werte Licht
des Glaubens in mir zugericht',
wie schön sind Deine Strahlen.

4. Ich sehe Dich mit Freuden an
und kann mich nicht satt sehen;
und weil ich nun nichts weiter kann,
bleib ich anbetend stehen.
O daß mein Sinn ein Abgrund wär
und meine Seel ein weites Meer,
daß ich Dich möchte fassen.

KOMMT UND LASST UNS CHRISTUM EHREN

1. Kommt und laßt uns Chri - stum eh - ren, Herz und
Sin - nen zu ihm keh-ren; sin - get fröh - lich, laßt euch
hö - ren, wer - tes Volk_ der Chri - sten - heit.
Nun sin - get und seid froh,____ jauchzt
al - le und sagt so:____ Un - sers Her - zens
Won - ne liegt in der Krip - pen bloß____ und
leucht' doch als die Son - ne in sei - ner Mut - ter Schoß._
»Du bist A und O,____ Du bist A und O.«

2. Sehet, was hat Gott gegeben:
   seinen Sohn zum ewgen Leben.
   Dieser kann und will uns heben
   aus dem Leid ins Himmels Freud.
   »Sohn Gottes in der Höh,
   nach Dir ist mir so weh;
   tröst mir mein Gemüte,
   o Kindlein zart und rein,
   durch alle Deine Güte,
   o liebstes Jesulein. Zeuch mich hin nach Dir.«

3. Jakobs Stern ist aufgegangen,
   stillt das sehnliche Verlangen,
   bricht den Kopf der alten Schlangen
   und zerstört der Höllen Reich.
   Groß ist des Vaters Huld:
   der Sohn tilgt unsre Schuld.
   Wir warn all verdorben
   durch Sünd und Eitelkeit
   so hat er uns erworben
   die ewig Himmelsfreud.
   Eia, wärn wir da!

4. »Schönstes Kindlein in dem Stalle,
sei uns freundlich, bring uns alle
dahin, da mit süßem Schalle
Dich der Engel Heer erhöht.«
Wo ist der Freudenort?
Nirgend mehr, denn dort,
da die Engel singen
mit den Heilgen all
und die Psalmen klingen
im hohen Himmelssaal.
Eia, wärn wir da!

JINGLE BELLS

1. Da - shing through the snow in a one-horse o-pen sleigh,

o'er the fields we go, laugh-ing all the way.___

Bells on bob-tail ring, mak-ing spi-rits bright, what

fun it is to ride and sing a sleigh-ing song to-night!

Jin - gle, bells! Jin - gle, bells! Jin - gle all the way!

Oh, what fun it is to ride in a one-horse o - pen

sleigh! Jin-gle, bells! Jin-gle, bells! Jin-gle all the way!

Oh, what fun it is to ride in a one-horse o - pen sleigh!

2. A day or two ago I thought I'd take a ride,
And soon Miss Fannie Bright was seated by my side.
The horse was lean and lank, misfortune seemed his lot,
He got into a drifted bank an we [we, we] got upsot.
Jingle, bells! Jingle, bells! Jingle all the way!
Oh, what fun it is to ride in a onehorse open sleigh!
Jingle, bells! Jingle, bells! Jingle all the way!
Oh, what fun it is to ride in a onehorse open sleigh!

3. A day or two ago, The story I must tell
I went out on the snow, And on my back I fell;
A gent was riding by in a onehorse open sleigh,
He laughed as there I sprawling lie,
    But quickly drove away.
Jingle, bells! Jingle, bells! Jingle all the way!
Oh, what fun it is to ride in a onehorse open sleigh!
Jingle, bells! Jingle, bells! Jingle all the way!
Oh, what fun it is to ride in a onehorse open sleigh!

4. Now the ground is white, go it while you're young,
Take the girls tonight and sing this sleighing song.
Just get a bobtailed bay, two-forty for his speed,
Then hitch him to an open sleigh, and crack!
    You'll take the lead.
Jingle, bells! Jingle, bells! Jingle all the way!
Oh, what fun it is to ride in a onehorse open sleigh!
Jingle, bells! Jingle, bells! Jingle all the way!
Oh, what fun it is to ride in a onehorse open sleigh!

WAS SOLL DAS BEDEUTEN?

1. Was soll das be - deu - ten? Es— ta - get ja—

schon! Ich— weiß wohl, es— geht erst um— Mit - ter - nacht

rum. Schaut nur da - her! Schaut nur da - her!

Wie glän-zen die— Stern - lein je— län - ger je mehr.

2. Treibt z'sammen, treibt z'sammen
die Schäflein fürbaß!
Treibt z'sammen, treibt z'sammen,
dort zeig ich euch was:
|: Dort in dem Stall :|
werd't Wunderding sehen,
treibt z'sammen einmal!

3. Ich hab nur ein wenig
von weitem geguckt,
da hat mir mein Herz schon vor
Freuden gehupft:
|: Ein schönes Kind :|
liegt dort in der Krippe
bei Esel und Rind.

4. Ein herziger Vater,
der steht auch dabei,
ein wunderschön Jungfrau,
die kniet auch auf dem Heu!
Um und um singt's,
um und um klingt's,
man sieht ja kein Lichtlein
so um und um brinnt's.

5. Das Kindlein, das zittert
vor Kälte und Frost,
ich dacht mir, wer hat es denn
also verstoßt,
|: daß man auch heut :|
ihm sonst keine andere
Herberg anbeut?

6. So gehet und nehmet
   ein Lämmlein vom Gras
   und bringet dem schönen
   Christkindlein etwas!
   |: Geht nur fein sacht :|
   auf daß ihr dem Kindlein
   kein Unruh nicht macht!

1. Ihr Kin-der-lein, kom-met, o kom-met doch all! Zur Krip-pe her kom-met in Beth-le-hems Stall. Und seht, was in die-ser hoch-hei-li-gen Nacht der Va-ter im Him-mel für Freu-de uns macht.

2. O seht in der Krippe im nächtlichen Stall,
   seht hier bei des Lichtleins hellglänzendem Strahl
   in reinlichen Windeln das himmlische Kind,
   viel schöner und holder, als Engel es sind.

3. Da liegt es, das Kindlein, auf Heu und auf Stroh;
   Maria und Joseph betrachten es froh.
   Die redlichen Hirten knien betend davor;
   hoch oben schwebt jubelnd der Engelein Chor.

4. O beugt wie die Hirten anbetend die Knie,
   erhebet die Händlein und danket wie sie.
   Stimmt freudig, ihr Kinder – wer sollt sich nicht freun?–,
   stimmt freudig zum Jubel der Engel mit ein!

5. Was geben wir Kinder, was schenken wir dir,
   du bestes und liebstes der Kinder, dafür?
   Nichts willst du von Schätzen und Reichtum der Welt,
   ein Herz nur voll Demut allein dir gefällt.

MORGEN, KINDER, WIRD'S WAS GEBEN

1. Mor - gen, Kin-der, wird's was ge-ben, mor - gen wer den
wir uns freun! Welch ein Ju - bel, welch ein—— Le - ben
wird in—— un - serm Hau - se sein! Ein - mal wer - den
wir noch wach, hei - ßa, dann ist Weih - nachts - tag!

2. Wie wird dann die Stube glänzen
von der großen Lichterzahl!
Schöner als bei frohen Tänzen
ein geputzter Kronensaal.
Wißt ihr noch, wie vorges Jahr
es am Heilgen Abend war?

3. Welch ein schöner Tag ist morgen!
   Neue Freude hoffen wir,
   unsre guten Eltern sorgen
   lange, lange schon dafür.
   O gewiß, wer sie nicht ehrt,
   ist der ganzen Lust nicht wert!

INMITTEN DER NACHT

1. In - mit-ten der Nacht, als_ Hir-ten er-wacht, da_
hör-te man sin-gen und Glo-ri-a_ klin-gen ein_
eng-li-sche Schar, ja_ ja, ge - bo-ren Gott war.

2. Die Hirten im Feld
verließen ihr Zelt,
sie gingen mit Eilen,
ja ohne Verweilen
dem Krippelein zu, ja zu,
der Hirt und der Bu.

3. Sie fanden geschwind
   das göttliche Kind,
   es herzlich zu grüßen
   es herzlich zu küssen
   sie waren bedacht, bedacht
   dieselbige Nacht.

4. Kommt, Christen, kommt her,
   kommt aber nicht leer,
   beschauet das Kindlein,
   es liegt in dem Kripplein,
   schenkt ihm euer Herz, das Herz,
   es lindert den Schmerz.

O DU FRÖHLICHE

1. O du fröh - li - che,— o du se - li- ge,—
gna - den - brin - gen - de Weih - nachts - zeit! Welt ging ver-
lo - ren, Christ— ward ge - bo - ren,
freu - e,— freu - e dich, o Chri - sten - heit!

2. O du fröhliche, o du selige,
gnadenbringende Weihnachtszeit!
Christ ist erschienen, uns zu versühnen;
freue, freue dich, o Christenheit.

3. O du fröhliche, o du selige,
gnadenbringende Weihnachtszeit!
Himmlische Heere jauchzen dir Ehre.
Freue, freue dich, o Christenheit!

STILLE NACHT, HEILIGE NACHT

1. Stil - le Nacht, hei - li-ge Nacht! Al - les schläft,

ein - sam wacht nur das trau - te hoch - hei - li-ge Paar.

Hol -der Kna - be im lo - cki -gen Haar, schlaf in himm -li - scher

Ruh!__ Schlaf in himm - li - scher Ruh!___

2. Stille Nacht, heilige Nacht!
Hirten erst kundgemacht;
durch der Engel Halleluja
tönt es laut von fern und nah:
|: Christ der Retter ist da. :|

3. Stille Nacht, heilige Nacht!
Gottes Sohn, o wie lacht
Lieb aus deinem göttlichen Mund,
da uns schlägt die rettende Stund,
|: Christ, in deiner Geburt. :|

1. Toch - ter___ Zi - on, freu - e dich,
jauch - ze laut, Je - ru - sa - lem!
Sieh,___ dein Kö - nig kommt___ zu dir,
ja___ er kommt, der Frie - de - fürst.
Toch - ter___ Zi - on, freu - e dich,
jauch - ze laut, Je - ru - sa - lem!

2. Hosianna, Davids Sohn,
   sei gesegnet deinem Volk!
   Gründe nun dein ewig Reich,
   Hosianna in der Höh!
   Hosianna, Davids Sohn,
   sei gesegnet deinem Volk!

3. Hosianna, Davids Sohn,
   sei gegrüßet, König mild!
   Ewig steht dein Friedensthron,
   du, des ewgen Vaters Kind.
   Hosianna, Davids Sohn,
   sei gegrüßet, König mild!

O TANNENBAUM

1. O Tannen-baum, o Tannen-baum, wie grün sind dei-ne

Blät-ter! Du grünst nicht nur zur Som-mers-zeit, nein,

auch im Win - ter, wenn es schneit. O Tan-nen-baum, o

Tan-nen-baum, wie grün sind dei - ne Blät - ter!

2. O Tannenbaum, o Tannenbaum,
du kannst mir sehr gefallen.
Wie oft hat nicht zur Weihnachtszeit
ein Baum von dir mich hocherfreut.
O Tannenbaum, o Tannenbaum,
du kannst mir sehr gefallen.

3. O Tannenbaum, o Tannenbaum,
   dein Kleid will mich was lehren:
   Die Hoffnung und Beständigkeit
   gibt Trost und Kraft zu jeder Zeit.
   O Tannenbaum, o Tannenbaum,
   dein Kleid will mich was lehren.

1. Al - le Jah - re wie - der kommt das Chri - stus - kind
auf die Er - de nie - der, wo wir Men - schen sind.

2. Kehrt mit seinem Segen ein in jedes Haus,
   geht auf allen Wegen mit uns ein und aus.

3. Steht auch mir zur Seite still und unerkannt,
   daß es treu mich leite an der lieben Hand.

1. Am Weih-nachts - baum___ die Lich - ter
bren - nen, wie glänzt er fest - lich, lieb und
mild als spräch er: »Wollt___ in mir er -
ken - nen ge - treu - er Hoff - nung stil - les Bild!«

2. Die Kinder stehn mit hellen Blicken,
das Auge lacht, es lacht das Herz;
o fröhlich seliges Entzücken!
Die Alten schauen himmelwärts.

3. Zwei Engel sind hereingetreten,
kein Auge hat sie kommen sehn;
sie gehn zum Weihnachtstisch und beten
und wenden wieder sich und gehn.

1. Ma - ri - a durch ein' Dorn - wald_ ging, Ky - rie e - lei - son, Ma - ri - a durch ein' Dorn - wald ging, der_ hat in sieben Jahrn kein Laub ge - tragen. Je - sus und Ma - ri - a.

2. Was trug Maria unter ihrem Herzen? Kyrie eleison.
   Ein kleines Kindlein ohne Schmerzen,
   das trug Maria unter ihrem Herzen.
   Jesus und Maria.

3. Da haben die Dornen Rosen getragen, Kyrie eleison,
   als das Kindlein durch den Wald getragen,
   da haben die Dornen Rosen getragen.
   Jesus und Maria.

SÜSSER DIE GLOCKEN NIE KLINGEN

1. Sü - ßer die Glo - cken nie klin - gen, als zu der Weih - nachts-

zeit,___ s'ist als ob En - ge - lein sin - gen

wie - der von Frie - den und Freud',___ wie sie ge -

sun - gen in se - li - ger Nacht, wie sie ge - sun - gen in

se - li - ger Nacht. Glo - cken mit hei - li - gem

Klang,___ klin - get die Er - de ent - lang.___

2. Oh, wenn die Glocken erklingen,
schnell sie das Christkindlein hört,
tut sich vom Himmel dann schwingen,
eilet hernieder zur Erd,
|: segnet den Vater, die Mutter, das Kind :|
Glocken mit heiligem Klang,
klingt doch die Erde entlang!

1. Lieb Nach-ti-gall, wach auf! Wach auf, du schö-nes
Vö-ge-lein auf je-nem grü-nen Zwei-ge-lein, wach
hur-tig ohn' Ver-schnauf. Dem Kin-de-lein
aus-er-ko-ren, heut ge-bo-ren, halb er-fro-ren,
sing, sing, sing dem zar-ten Je-su-lein.

2. Flieg her zum Krippelein!
Flieg her, geliebtes Schwesterlein,
blas an dem feinen Psalterlein,
sing, Nachtigall, gar fein.
Dem Kindelein musiziere,
koloriere, jubiliere,
sing, sing, sing
dem süßen Jesulein!

3. Stimm, Nachtigall, stimm an!
Den Takt gib mit den Federlein,
auch freudig schwing die Flügelein,
erstreck dein Hälselein!
Der Schöpfer dein Mensch will werden
mit Geberden hier auf Erden:
Sing, sing, sing
dem werten Jesulein!

STILL, STILL, STILL, WEILS KINDLEIN SCHLAFEN WILL

1. Still,_ still,_ still, weils Kind - lein schla - fen_ will!

Ma - ri - a_ tut es nie - der - sin - gen, ih - re_

keu - sche Brust dar - brin - gen. Still,_ still,_

still, weils Kind - lein_ schla - fen_ will.

2. Schlaf, schlaf, schlaf, mein liebes Kindlein schlaf!
Die Engel tun schön musizieren,
vor dem Kindlein jubilieren.
Schlaf, schlaf, schlaf, mein liebes Kindlein schlaf!

3. Groß, groß, groß, die Lieb ist übergroß.
Gott hat den Himmelsthron verlassen
und muß reisen auf der Straßen.
Groß, groß, groß, die Lieb ist übergroß.

4. Auf, auf, auf, ihr Adamskinder auf!
Fallet Jesum all zu Füßen,
weil er für uns d'Sünd tut büßen!
Auf, auf, auf, ihr Adamskinder auf!

5. Wir, wir, wir, wir rufen all zu dir:
Tu uns des Himmels Reich aufschließen,
wenn wir einmal sterben müssen.
Wir, wir, wir, wir rufen all zu dir.

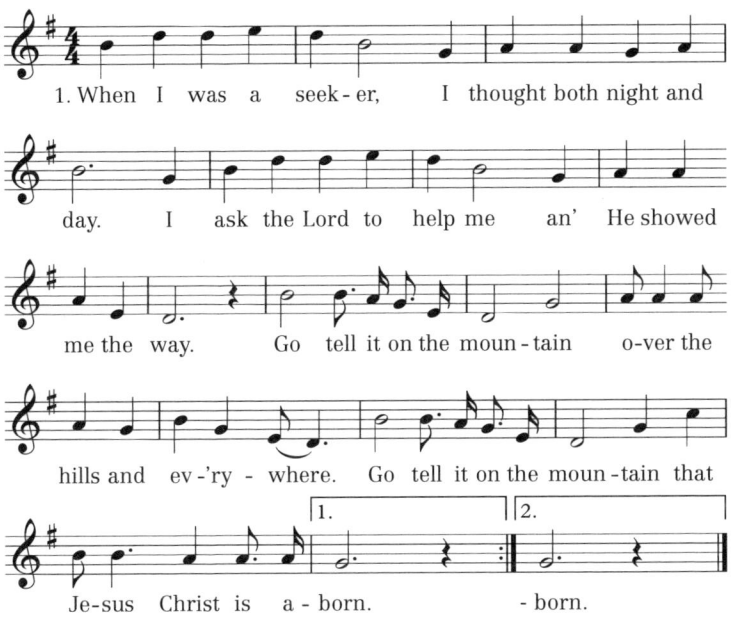

1. When I was a seek-er, I thought both night and day. I ask the Lord to help me an' He showed me the way. Go tell it on the moun-tain o-ver the hills and ev-'ry-where. Go tell it on the moun-tain that Je-sus Christ is a-born. - born.

2. He made me a watch man
up on a city wall.
And if I am a Christian
I am the least of all.
Go tell it on the mountain
over the hills and ev'rywhere.
Go tell it on the mountain
that Jesus Christ is aborn.

3. Down in a lowly manger
Our humble Christ was born;
And God sent us salvation
That blessed Christmas morn.
Go tell it on the mountain
over the hills and ev'rywhere.
Go tell it on the mountain
that Jesus Christ is aborn.

4. While shepherds kept their watching
O'er silent flocks by night,
behold throughout the heavens
There shone a holy light.
Go tell it on the mountain
over the hills and ev'rywhere.
Go tell it on the mountain
that Jesus Christ is aborn.

1. Laßt uns froh— und— mun - ter sein

und uns recht— von— Her - zen freun!

Lu - stig, lu - stig, tra - le - ra - le - ra!

Bald ist Ni - ko - laus - a - bend da,

bald ist Ni - ko - laus - a - bend da!

2. Dann stell' ich den Teller auf,
   Nikolaus legt gewiß was drauf.
   Lustig, lustig, traleralera!
   Bald ist Nikolausabend da,
   bald ist Nikolausabend da!

3. Wenn ich schlaf, dann träume ich,
   jetzt bringt Nikolaus was für mich.
   Lustig, lustig, traleralera!
   Bald ist Nikolausabend da,
   bald ist Nikolausabend da!

4. Wenn ich aufgestanden bin,
lauf ich schnell zum Teller hin.
Lustig, lustig, traleralera!
Bald ist Nikolausabend da,
bald ist Nikolausabend da!

5. Nikolaus ist ein guter Mann,
dem man nicht genug danken kann.
Lustig, lustig, traleralera!
Bald ist Nikolausabend da,
bald ist Nikolausabend da!

SCHNEEFLÖCKCHEN, WEISSRÖCKCHEN

1. Schnee - flöck-chen, Weiß - röck-chen, da— kommst du ge -
schneit, du kommst aus den Wol-ken, dein Weg ist so weit.

2. Komm setz dich ans Fenster,
du lieblicher Stern;
malst Blumen und Blätter,
wir haben dich gern.

3. Schneeflöckchen, du deckst uns
die Blümelein zu,
dann schlafen sie sicher
in himmlischer Ruh'.

4. Schneeflöckchen, Weißröckchen,
komm zu uns ins Tal,
dann bau'n wir 'nen Schneemann
und werfen den Ball.

KLING, GLÖCKCHEN, KLINGELINGELING

1. Kling, Glöck-chen, klin-ge-lin-ge-ling, kling, Glöck-chen, kling!

Laßt mich ein, ihr Kin - der, ist so kalt der Win - ter,

öff-net mir die Tü - ren, laßt mich nicht er - frie - ren,

Kling, Glöck-chen, klin - ge -lin -ge - ling, kling, Glöck-chen, kling!

2. Kling, Glöckchen, klingelingeling,
kling, Glöckchen, kling!
Mädchen, hört, und Bübchen,
macht mir auf das Stübchen,
bring euch viele Gaben,
sollt euch dran erlaben.
Kling, Glöckchen, klingelingeling,
kling, Glöckchen, kling!

3. Kling, Glöckchen, klingelingeling,
kling, Glöckchen, kling!
Hell erglüh'n die Kerzen,
öffnet mir die Herzen,
will drin wohnen fröhlich,
frommes Kind, wie selig.
Kling, Glöckchen, klingelingeling,
kling, Glöckchen, kling!

1. »Fröh - li - che Weih -nacht ü - ber - all!«,
tö - net durch die Lüf - te fro - her Schall.
Weih-nachts-ton, Weih-nachts-baum, Weih-nachts-duft in
je - dem— Raum! »Fröh - li - che Weih - nacht

Fine

ü - ber - all!«, tö-net durch die Lüf - te fro-her Schall.
Da - rum al - le stim - met in den Ju - bel - ton,

nach Strophe 3 D.C. al Fine

denn es kommt das Licht der Welt von des Va-ters Thron.

2. »Fröhliche Weihnacht überall!«,
tönet durch die Lüfte froher Schall.
Weihnachtston, Weihnachtsbaum,
Weihnachtsduft in jedem Raum!
»Fröhliche Weihnacht überall!«,
tönet durch die Lüfte froher Schall.

Licht auf dunklem Wege,
unser Licht bist du;
denn du führst, die dir vertrau'n,
ein zu sel'ger Ruh'.

3. »Fröhliche Weihnacht überall!«,
tönet durch die Lüfte froher Schall.
Weihnachtston, Weihnachtsbaum,
Weihnachtsduft in jedem Raum!
»Fröhliche Weihnacht überall!«,
tönet durch die Lüfte froher Schall.
Was wir ander'n taten,
sei getan für dich,
daß bekennen jeder muß,
Christkind kam für mich.

1. Lei - se rie-selt der Schnee, still und starr liegt der See,__ weih -nacht -lich glän -zet der Wald,__ freu - e dich, Christ -kind kommt bald!____

2. In den Herzen ist's warm,
   still schweigt Kummer und Harm
   Sorge des Lebens verhallt,
   freue dich, Christkind kommt bald!

3. Bald ist heilige Nacht,
   Chor der Engel erwacht,
   hört nur, wie lieblich es schallt:
   Freue dich, Christkind kommt bald.

AUF DEM BERGE DA GEHT DER WIND

Auf dem Ber - ge da geht__ der Wind, da
wiegt die Ma - ri - a ihr Kind mit ih - rer schloh-
en - gel - wei - ßen Hand, sie hat__ da - zu__ kein
Wie - gen-band. »Ach Jo - seph, lie - ber Jo - seph mein,
ach hilf__ mir wie-gen mein Kin - de-lein!« »Wie
kann ich dir denn dein Kind-lein wiegn? Ich kann ja kaum
sel-ber die Fin - ger biegn.« Schum, schei, schum, schei.

In dulci jubilo – Autoren unbekannt, 14. Jh.

Nun sei uns willkommen – Autoren unbekannt, 14. Jh.

Joseph, lieber Joseph mein – Autoren unbekannt, um 1400

Gelobet seist du, Jesu Christ – Text: Martin Luther, 1524, Komponist unbekannt

Christum wir sollen loben schon – Text: Martin Luther, 1524, Komponist unbekannt

Nun komm, der Heiden Heiland – Text und Musik: Martin Luther, 1524

Nun singet und seid froh – Autoren unbekannt, 16. Jh.

Vom Himmel hoch, da komm ich her – Text und Musik: Martin Luther, 1535/39

Lobt Gott, ihr Christen – Text und Musik: Nikolaus Hermann, 1554

Es ist ein Ros entsprungen – Textautor unbekannt, Musik: Michael Praetorius, 1609

Als ich bei meinen Schafen wacht' – Autoren unbekannt, Text und Musik aus Lothringen

Kommet, ihr Hirten – Text: Carl Riedel, Musik aus Böhmen

Es kommt ein Schiff, geladen – Text: Daniel Sudermann, um 1626, Komponist unbekannt

O Heiland, reiß die Himmel auf – Text: Friedrich von Spee, Komponist unbekannt

Macht hoch die Tür – Text: Georg Weissel, um 1630, Komponist unbekannt

Vom Himmel hoch, o Englein, kommt – Autoren unbekannt, Köln, um 1630

Zu Bethlehem geboren – Text: Friedrich von Spee, Komponist unbekannt

Fröhlich soll mein Herze springen – Text: Paul Gerhardt, 1653, Musik: Johann Crüger

Ich steh an Deiner Krippe hier – Text: Paul Gerhardt, 1653, Komponist unbekannt

Kommt und laßt uns Christum ehren – Text: Paul Gerhardt, Komponist unbekannt

Jingle bells – Autoren unbekannt, Text und Musik aus Nordamerika

Was soll das bedeuten – Autoren unbekannt, Text und Musik aus Schlesien

Ihr Kinderlein, kommet – Text: Christoph von Schmid, Musik: Johann Abraham Schulz

Morgen, Kinder, wird's was geben – Text: Philipp von Bartsch, Musik: Carl Gottlieb Hering

Inmitten der Nacht – Autoren unbekannt, Text und Musik aus Oberschlesien

O du fröhliche – Text: Johannes Daniel Falk/Heinrich Holzschuher, 1816/29, Komponist unbekannt

Stille Nacht, heilige Nacht – Text: Josef Mohr, Musik: Franz Xaver Gruber, 1818

Tochter Zion, freue dich – Text: Friedrich Heinrich Ranke oder Joh. Joachim Eschenburg, um 1820, Musik: Georg Friedrich Händel, 1742

O Tannenbaum – Text: August Zarnack/Ernst Anschütz, 1820/24, Musik: August Zarnack

Alle Jahre wieder – Text: Wilhelm Hey, Musik: Friedrich Silcher

Am Weihnachtsbaum – Text: Hermann Kletke, 1841, Komponist unbekannt

Maria durch ein' Dornwald ging – Text: nach Harthausen, Geistliche Volkslieder, 1850, Musik aus Thüringen

Süßer die Glocken nie klingen – Text: Wilhelm Kritzinger, Komponist unbekannt

Lieb Nachtigall, wach auf – Autoren unbekannt, Text und Musik aus Bamberg, 1670

Still, still, still, weils Kindlein schlafen will – Autoren unbe-
kannt, Text und Musik aus dem Salzkammergut
Go tell it on the mountain – Autoren unbekannt, Text und Musik
aus Nordamerika
Laßt uns froh und munter sein – Autoren unbekannt, Text und
Musik aus dem Rheinland
Schneeflöckchen, Weißröckchen – Autoren unbekannt
Kling, Glöckchen, klingelingeling – Text: Karl Enslin, Komponist
unbekannt
Fröhliche Weihnacht überall – Text: August Heinrich Hoffmann
von Fallersleben, Musik aus England
Leise rieselt der Schnee – Text und Musik: Eduard Ebel
Auf dem Berge, da geht der Wind – Autoren unbekannt, Text
und Musik aus Oberschlesien

Die Auswahl der Lieder besorgte Matthias Reiner.

2. Auflage dieser Ausgabe Insel Verlag Berlin 2016. © Insel Verlag Berlin 2012. Für die Illustrationen: © Selda Marlin Soganci vermittelt durch die Agentur Susanne Koppe, Hamburg, www.auserlesen-ausgezeichnet.de. Alle Rechte vorbehalten, insbesondere das der Übersetzung, des öffentlichen Vortrags sowie der Übertragung durch Rundfunk und Fernsehen, auch einzelner Teile. Kein Teil des Werks darf in irgendeiner Form (durch Fotografie, Mikrofilm oder andere Verfahren) ohne schriftliche Genehmigung des Verlages reproduziert oder unter Verwendung elektronischer Systeme verarbeitet, vervielfältigt oder verbreitet werden. Notensatz von der Hamburger Notenwerkstatt. Gesetzt in der Schrift Centennial. Gedruckt auf holzfreies, alterungsbeständiges Papier der Firma Cordier, Bad Dürkheim, von der Memminger MedienCentrum AG. Gebunden in Fadenheftung von der Josef Spinner Großbuchbinderei GmbH, Ottersweier. Printed in Germany. Erste Auflage 2016.

ISBN 978-3-458-17696-1